Vegano:

Recetas de Helados Veganos

Un delicioso escape para veganos y vegetarianos radicales

Descargo de Responsabilidad

Descripción del Libro

En este libro, se te presentará un nuevo mundo de helados vegetarianos. Esta es una guía para todos aquellos que tienen la impresión de que, si siguen una dieta vegana, nunca más podrán disfrutar de un helado cremoso y delicioso. Para acabar con ese mito, se ha recopilado un montón de recetas rápidas y sencillas que tentarán a tus papilas gustativas sin una gota de lácteos a la vista.

Este libro está lleno de deliciosas recetas de helados que definitivamente provocarán una fiesta de sabores en tu boca, sin comprometer tus restricciones dietéticas. Otra cosa buena de las recetas que ofrecemos es que son extremadamente fáciles de preparar y se pueden hacer en poco tiempo; sin que tengas que esclavizarte durante horas.

Cuando la gente escucha la palabra "vegano" tiene una imagen mental de comida aburrida, sosa y extremadamente insípida. A menudo piensan que postre = fruta y que hay que decir adiós a los deliciosos helados que aman y aprecian. Este libro está aquí para probar que todos los detractores se equivocan. Con un montón de deliciosas recetas de helados vegetarianos, puedes presentar con orgullo helados saludables y deliciosos a tu familia y amigos.

Tabla de Contenido

Introducción

La gente a menudo cree que la dieta vegana es extremadamente monótona y restrictiva. Otra creencia muy extendida es que la dieta es sinónimo de comida insípida sin mucho espacio para los postres, ¡por no hablar de los sabores exóticos! Bueno, todas estas no son más que opiniones equivocadas y no son en absoluto verdaderas.

En primer lugar, aclaremos esto. La dieta vegetariana no es sólo una dieta, es una forma de vida. En otros planes de dieta se deja de comer alimentos seleccionados. Mientras sigues el modo de vida vegano, te rindes a todos los productos de origen animal, ¡comida o no! El primer error que cometen las personas que se pasan al modo de vida vegano es que se lanzan de cabeza sin ninguna investigación previa. Tómate unos días e investiga todo lo que puedas, y luego poco a poco ve a la dieta.

A diferencia de hace unos años, cuando los veganos tenían pocas opciones de comida, hoy en día la escena alimenticia ha cambiado completamente. Con más y más gente que elige seguir este estilo de vida, las empresas han empezado a producir en masa productos amigables para los veganos que pueden hacer tu vida mucho más fácil (¡y más sabrosa!).

Una de las cosas que la gente se perdía en el pasado era consumir deliciosos y cremosos helados mientras se seguía al veganismo. Pero ahora, con tantas opciones disponibles, ¡la vida se ha vuelto mucho más fácil! La leche de almendra, la leche de soja, el yogur de soja, etc. son sólo algunas de las diversas alternativas de productos lácteos que puedes utilizar para preparar deliciosas golosinas, sin añadir elementos no saludables a tu dieta.

La gente también tratará de derribarte diciendo, "El modo de vida vegano te hará un agujero en la cartera", pero no les hagas caso. Lo que gastas extra aquí es una fracción del costo que la gente usualmente termina pagando en las cuentas del hospital ¡debido a sus dietas no saludables!

Este libro contiene un montón de deliciosos sorbetes, helados, helados, sundae y toppings que son extremadamente fáciles de hacer y pueden ser preparados rápidamente.

¡Me gustaría aprovechar esta oportunidad para agradecerles por haber elegido este libro y espero que les ayude a añadir un toque dulce a su dieta vegana saludable!

Recetas de Sorbetes, Granizados y Helados Veganos

Helado de mantequilla de maní vegana

Ingredientes:

- 2 1/2 cucharaditas de néctar de agave (se puede ajustar al gusto)
- 4 tazas de cubitos de hielo
- 1/4 taza de mantequilla de maní crujiente (se puede ajustar al gusto)
- 1 taza de leche de soja
- 2 cucharaditas de polvo de algarroba (se puede ajustar al gusto)

Instrucciones:

1. Pon la leche de soja y la mantequilla de maní juntas en el frasco de una licuadora y bátelas hasta que se combinen.
2. Añade el polvo de algarroba y el néctar de agave y bate durante unos minutos más.
3. Finalmente, agrega los cubos de hielo y bate hasta obtener una textura de granizado.
4. Vierte en una copa de margarita y sirve inmediatamente.
5. ¡A disfrutar!

Consejo adicional:

- Si no te gusta el néctar de agave, puedes sustituirlo por la stevia.

Helado de Cereza

Ingredientes:

- 4 tazas de cerezas, sin hueso + extra para la guarnición
- 4 cucharadas de jarabe de cereza
- 3 tazas de agua
- 4 cucharaditas de extracto de vainilla
- 4 cucharadas de azúcar
- 15-20 cubos de hielo

Instrucciones:

1. Añade cerezas, agua, azúcar y jarabe de cereza a una olla grande.
2. Coloca la olla a fuego medio y déjala hervir hasta que las cerezas estén cocidas.
3. Cuando esté listo, deja enfriar ligeramente y mezcla todo en una licuadora. Transfiere a un tazón.
4. Añade los cubitos de hielo a un procesador de alimentos y pulverízalos.
5. Transfiere la mezcla triturada a los vasos.
6. Vierte la cereza mezclada sobre ella.
7. Adorna con cerezas y sirve inmediatamente.
8. ¡Disfruta!

Granizado de Fresa y Limón

Ingredientes:

- 1 taza de fresas frescas, picadas en trozos grandes
- Cáscara de 1/2 limón
- Jugo de 1 limón
- 2-3 cucharadas de azúcar o al gusto
- 1 1/2 tazas de agua
- 1 taza de cubitos de hielo

Instrucciones:

1. Añade todos los ingredientes, excepto el hielo, a una licuadora y bate hasta que esté suave.
2. Añade los cubitos de hielo y bate hasta que tenga una textura granulada.
3. Viértelo en dos vasos altos y sírvelo inmediatamente.
4. ¡Buen provecho!

Granizado de Piña Colada

Ingredientes:

- 1 taza de jugo de piña en lata
- 2 plátanos congelados, picados
- 4 tazas de trozos de piña fresca
- 1 taza de leche de coco
- 2 tazas de hielo picado

Instrucciones:

1. Añade todos los ingredientes, excepto el hielo, a una licuadora y bátelos hasta que estén suaves.
2. Añade los cubitos de hielo y bátelos hasta que tenga una textura granulada.
3. Viértelo en 4 vasos de margarita y sírvelo inmediatamente.
4. ¡Buen Provecho!

Granizado de Frutas

Ingredientes:

- 1 taza de jugo de fruta de tu elección
- 2 tazas de hielo picado

Instrucciones:

1. Añade el hielo y el jugo a una licuadora y bate hasta que tenga una textura de granizado.
2. Viértelo en dos vasos altos y sírvelo inmediatamente.
3. ¡Disfrútalo!

Granizado de Gaseosa

Ingredientes:

- 3 tazas de helado (tal vez tengas que elaborarlo)
- 18 onzas o cc de bebida carbonatada con sabor a cola

Instrucciones:

1. Combina el granizado y la gaseosa en un gran tazón. Mezcla bien a mano.
2. Pon la cuchara en un tazón o en un vaso alto y sirve inmediatamente.
3. ¡Disfrútalo!

Sorbete de Limón

Ingredientes:

- 3 tazas de jugo de limón fresco, pasado por un tamiz
- 2 tazas de azúcar
- 1/4 de cucharadita de sal
- 2 tazas de azúcar

Instrucciones:

1. Coloca una cacerola a fuego medio. Añade agua y azúcar y cocina hasta que el azúcar se disuelva.
2. Retira del fuego y deja enfriar por un tiempo.
3. Añade el jugo de limón y la sal.
4. Mezcla, cubre y refrigera durante la noche.
5. Vierte la mezcla de limonada en una batidora de helados y sigue las instrucciones del fabricante para congelar durante 15-20 minutos.
6. Después de revolverlo, viértelo en un recipiente apto para el congelador, y congela hasta que esté firme.
7. Sírvelo en tazones inmediatamente utilizando un cucharón sumergido en agua tibia.
8. ¡A disfrutar!

Sorbete de Bayas

Ingredientes:

- 1 1/2 libras de fresas / frambuesas / arándanos / moras
- Jugo de un limón
- 1/3 taza de jarabe de arce

Instrucciones:

1. Mezcla las bayas y el jugo de limón hasta que esté suave.
2. Pasa las bayas mezcladas por un colador fino. Descarta los sólidos y las semillas.
3. Añade el jarabe de arce.
4. Mezcla, cubre y refrigera durante 30 minutos.
5. Vierte la mezcla en una batidora de helados y sigue las instrucciones del fabricante para congelar durante 15-20 minutos.
6. Después de revolverlo, viértelo en un recipiente apto para el congelador, y congela hasta que esté firme.
7. Sírvelo en tazones inmediatamente utilizando un cucharón sumergido en agua tibia.
8. ¡A disfrutar!

Sorbete de Mango

Ingredientes:

- 4 tazas de mango maduro, picado
- 1 1/2 tazas de azúcar blanca o al gusto
- 2 tazas de agua

Instrucciones:

1. Coloca una cacerola a fuego medio. Añade agua y azúcar y cocina hasta que el azúcar se disuelva.
2. Retira del fuego y enfría por un tiempo.
3. Mezcla los mangos y la solución de azúcar hasta que esté suave.
4. Vierte la mezcla en una batidora de helados y sigue las instrucciones del fabricante para congelar durante 15-20 minutos.
5. Después de revolverlo, viértelo en un recipiente apto para el congelador, y congela hasta que esté firme.
6. Sírvelo en tazones inmediatamente utilizando un cucharón sumergido en agua tibia.
7. ¡A disfrutar!

Sorbete de Sandía

Ingredientes:

- 3 tazas de sandía, sin semillas, picada
- 1/4 de taza de azúcar
- 1/4 de taza de agua
- Jugo de un limón

Instrucciones:

1. Coloca una cacerola a fuego medio. Añade agua y azúcar y cocina hasta que el azúcar se disuelva.
2. Retira del fuego y deja enfriar por un tiempo.
3. Mezcla la sandía y la solución de azúcar hasta que esté suave.
4. Enfría durante una hora.
5. Vierte la mezcla en una batidora de helados y sigue las instrucciones del fabricante para congelar durante 15-20 minutos
6. Después de revolverlo, viértelo en un recipiente apto para el congelador, y congela hasta que esté firme.
7. Sírvelo en tazones inmediatamente utilizando un cucharón sumergido en agua tibia.
8. ¡A disfrutar!

Sorbete de Chocolate

Ingredientes:

- 2 tazas de chispas de chocolate negro vegetariano
- 4 tazas de agua
- 1/2 taza de néctar de agave

Instrucciones:

1. Coloca una cacerola a fuego medio. Añade agua y agave y cocina hasta que el agave se disuelva.
2. Retira del fuego y añade las pepitas de chocolate y mezcla hasta que se derritan.
3. Deja enfriar por un rato.
4. Mezcla en una licuadora hasta que esté suave.
5. Deja enfriar durante una hora.
6. Vierte la mezcla en una batidora de helados y sigue las instrucciones del fabricante para congelar durante 15-20 minutos.
7. Después de revolverlo, viértelo en un recipiente apto para el congelador, y congela hasta que esté firme.
8. Sírvelo en tazones inmediatamente utilizando un cucharón sumergido en agua tibia.
9. ¡A disfrutar!

Recetas de Helados Veganos

Helado de calabaza de soja

Ingredientes:

- 1 cucharada de especias para pastel de calabaza
- 1/2 taza de crema de soja
- 3 1/2 tazas de crema de soja
- 1/4 taza de polvo de arrurruz
- 2 tazas de leche de soja
- 2 tazas de puré de calabaza
- 1 1/2 tazas de azúcar moreno
- 2 cucharaditas de extracto de vainilla

Instrucciones:

1. Vierte el polvo de arrurruz en 1/4 de taza de crema de soja. Mezcla bien y reserva.
2. Vierte las 3/½ tazas de crema de soja en una cacerola grande. Calienta a fuego medio y añade la leche de soja, el puré de calabaza, el azúcar moreno, el extracto de vainilla y la mezcla de especias de calabaza. Bate bien con un batidor de alambre hasta que la mezcla empiece a burbujear por los bordes.
3. Retira la cacerola del fuego y déjala a un lado durante unos 30 a 45 minutos o hasta que se enfríe a temperatura ambiente.
4. Vierte la mezcla de helado enfriada en un batidor de helados y sigue las instrucciones del fabricante para congelar.
5. Sácalo con una cuchara sumergida en agua tibia y sírvelo inmediatamente.
6. ¡Disfrútalo!

Helado de Plátano y Nuez sin leche

Ingredientes:

- 4 grandes plátanos congelados, cortados en pequeños trozos
- 2 cucharadas de nueces picadas
- 2 tazas de leche de almendras sin azúcar
- 2 pellizcos de canela molida, o al gusto

Instrucciones:

1. Poner los trozos de plátano, las nueces picadas, la canela y la leche de almendras en el frasco de una licuadora o procesador de alimentos.
2. Licuar hasta que se obtenga una textura cremosa y suave.
3. Pon la cuchara en un recipiente de sirve y sirve inmediatamente.
4. ¡Disfrútalo!

Helado de Chocolate Oscuro sin Leche

Ingredientes:

- 1 cucharadita de azúcar de vainilla
- 3 1/2 onzas de chocolate negro, picado
- 1/4 de cucharadita de goma xantana
- 1 3/4 cucharaditas de aquafaba
- 1/4 de taza de azúcar de pastelería

Instrucciones:

1. Calienta una olla de agua a fuego alto. Una vez que esté hirviendo, baja la llama hasta que el agua esté hirviendo a fuego lento y coloca una caldera doble encima, asegurándote de que el fondo del recipiente no toque la superficie del agua.
2. Coloca el chocolate negro en el doble hervidor y derrítelo, revolviendo constantemente y raspando los lados con una espátula de goma. Esto asegurará que el chocolate no se queme.
3. Una vez que el chocolate se haya derretido completamente, saca el recipiente de la caldera doble con agua y déjalo enfriar a temperatura ambiente.
4. Prepara una batidora de pedestal con un accesorio para batidor.
5. En el tazón de la batidora, agrega la aquafaba y bátela a alta velocidad hasta que se vuelva ligera y esponjosa y tenga aproximadamente 4 veces su volumen original.
6. Añade la goma xantana y bate durante unos 30 segundos más.
7. Añade el azúcar de vainilla y el azúcar de pastelería y bate durante otros 2 minutos o hasta que la mezcla tenga brillo y esté firme.
8. Añade el chocolate derretido y mezcla usando el método de cortar y doblar hasta que el chocolate esté bien incorporado.

9. Transfiere el helado preparado a un contenedor seguro para el congelador.
10. Congela por un mínimo de 8 horas o durante la noche.
11. Sirve inmediatamente en un recipiente con la ayuda de una cuchara pasada por agua tibia.
12. ¡Disfrútalo!

Helado Tropical de Sandía, Mango, Plátano y Fresa

Ingredientes:

- 2 plátanos, cortados en grandes trozos y congelados
- 1 taza de trozos de mango, congelados
- 2 tazas de sandía, cortada en cubos y congelada
- 1/2 taza de almendras, plateadas (opcional)
- 1/2 taza de fresas, congeladas
- 2 cucharaditas de semillas de cáñamo, o al gusto (opcional)

Instrucciones:

1. Pon los trozos de plátano congelados, los trozos de mango congelados, los trozos de sandía congelados y las fresas congeladas en el frasco de la licuadora. Licua hasta que esté suave.
2. Si utilizas semillas de cáñamo, agrégalas a la licuadora y bátelas hasta que estén bien mezcladas.
3. Vierte el helado preparado en un recipiente para congelar. Añade las almendras cortadas y mezcla a mano.
4. Sirve inmediatamente en un recipiente con la ayuda de una cuchara pasada por agua tibia o congela hasta que estés listo para comer.
5. ¡Disfrútalo!

Helado de Plátano y Mantequilla de Cacahuete sin leche

Ingredientes:

- 1/4 taza de leche de soja de vainilla
- 8 plátanos, cortados y congelados
- 1 cucharadita de extracto de vainilla
- 1/2 taza de mantequilla de maní
- 1 cucharadita de canela molida

Instrucciones:

1. Pon las rodajas de plátano congeladas, el extracto de vainilla, la mantequilla de cacahuete y la canela en el frasco de un procesador de alimentos.
2. Mezcla hasta que esté suave, asegurándote de hacer una pausa cada 30 segundos para raspar los lados del frasco con una espátula.
3. Vierte lentamente la leche de soja y sigue mezclando hasta que se forme una mezcla suave.
4. Sirve inmediatamente en un recipiente con la ayuda de una cuchara.
5. ¡Disfrútalo!

Helado Suave

Ingredientes:

- 6 plátanos, pelados, cortados en rodajas, congelados
- 2 cucharaditas de extracto de vainilla
- 1/3 de taza de leche no láctea, por ejemplo, soja / almendra / arroz, etc. (¿helado muy caliente?)

Instrucciones:

1. Mezcla todos los ingredientes hasta que esté suave y cremoso. Añade un poco más de leche si es necesario, una cucharada cada vez.
2. Sirve inmediatamente con ayuda de una cuchara.
3. ¡Disfrútalo!

Helado de Vainilla

Ingredientes:

- 1/2 taza de leche de almendra
- 3/4 de taza de leche de coco entera, refrigerada (usar sólo la grasa que flota en la parte superior)
- 1 1/2 - 2 cucharadas de azúcar blanco
- 1 cucharada de extracto de vainilla
- 1/8 de cucharadita de sal

Instrucciones:

1. Poner las leches, el azúcar, la vainilla y la sal en el tarro del procesador de alimentos. Mezcla hasta que esté suave.
2. Vierte la mezcla en un batidor de helados y sigue las instrucciones del fabricante para congelar o viértelo en un contenedor seguro para el congelador.
3. Bátelo cada 30 minutos hasta que el helado esté congelado.
4. Sírvelo inmediatamente con ayuda de una cuchara sumergida en agua tibia.
5. ¡Disfrútalo!

Helado de Fresa

Ingredientes:

- 1 taza de crema de coco o leche de coco entera
- 1/2 cucharadita de extracto de vainilla
- 3/4 de libra de fresas congeladas
- 2-3 cucharadas de jarabe de arce puro
- Una pizca de sal

Instrucciones:

1. Coloca todos los ingredientes en el frasco del procesador de alimentos. Mezcla hasta que esté suave.
2. Viértelo en un recipiente para congelar y colócalo en el congelador.
3. Refrigera durante 4 horas o hasta que el helado esté congelado.
4. Sácalo del congelador al menos 10-15 minutos antes de servirlo.
5. Sirve con la ayuda de una cuchara sumergida en agua tibia.
6. ¡A disfrutar!

Helado de Melón

Ingredientes:

- 1 ½ libras de melón enfriado, pelado, sin semillas y cortado en cubos
- 3/4 de taza de leche de coco enlatada y refrigerada
- 1 1/3 tazas de azúcar o al gusto
- 1 1/2 tazas de agua fría

Instrucciones:

1. Añade los trozos de melón a la licuadora y mezcla hasta que esté suave. Pasa a un tazón grande.
2. Bate la leche de coco y el azúcar hasta que se espese ligeramente.
3. Añade la mezcla de crema de coco al melón y bátelo hasta que esté bien combinado.
4. Vierte la mezcla en una batidora de helados durante 30 minutos y sigue las instrucciones del fabricante para congelar o viértelo en un recipiente y colócalo en el congelador.
5. Bátelo cada 30 minutos hasta que el helado esté congelado.
6. Saca el helado con una cuchara sumergida en agua tibia y sírvelo inmediatamente.
7. ¡Disfrútalo!

Helado de Higo, Coco y Mora

Ingredientes:

- 1/3 taza de moras + extra para adornar
- 5 higos frescos y maduros, picados
- 1 taza de leche de coco
- 3 cucharadas de agua
- 3 cucharadas de coco rallado seco, sin azúcar
- 4-5 cucharadas de néctar de agave o al gusto
- 2 cucharaditas de jugo de limón
- Ralladura de 1/2 limón
- 1/2 cucharadita de jengibre, picado (opcional)

Instrucciones:

1. Coloca una cacerola a fuego medio.
2. Añade agua, cáscara de limón, coco seco y jengibre. Llévalo a ebullición.
3. Cocina a fuego lento hasta que los higos estén tiernos.
4. Añade las moras y el agave y cocina hasta que estén ligeramente espesos (como la mermelada)
5. Quita del fuego y deja enfriar completamente, luego añade a una licuadora.
6. Añade el resto de los ingredientes y licúa durante unos segundos para que la fruta se corte en trozos pequeños.
7. Vierte la mezcla en una batidora de helados durante 30 minutos y sigue las instrucciones del fabricante para congelar el helado o viértelo en un recipiente apto para su congelación
8. Bátelo cada 30 minutos hasta que el helado esté congelado.
9. Saca el helado con una cuchara sumergida en agua tibia y sírvelo inmediatamente adornado con moras.

10. ¡A disfrutar!

Helado de Coco

Ingredientes:

- 1 lata (15 onzas) de leche de coco entera, dividida
- 3 cucharaditas de maicena
- 6 cucharadas de azúcar
- 2 cucharadas de coco seco, rallado, sin endulzar, tostado (opcional)

Instrucciones:

1. Bate en un pequeño tazón, 2-3 cucharadas de leche de coco y maicena y déjalo a un lado.
2. Añade el resto de los ingredientes a una cacerola de fondo grueso y coloca la cacerola a fuego medio.
3. Cuando empiece a hervir a fuego lento, agrega la mezcla de maicena, revolviendo constantemente.
4. Continúa revolviendo hasta que la mezcla se espese.
5. Retira del fuego y deja enfriar completamente.
6. Cubre y refrigera durante 4 horas.
7. Vierte la mezcla en un batidor de helados durante 30 minutos y sigue las instrucciones del fabricante para congelar el helado o viértelo en un recipiente apto para congelar.
8. Bátelo cada 30 minutos hasta que el helado esté congelado.
9. Saca el helado con una cuchara sumergida en agua tibia y sírvelo adornado con coco tostado si gustas.
10. Disfrútalo.

Helado de Chocolate

Ingredientes:

- 1 lata (15 onzas) de leche de coco entera
- 1/4 taza de cacao en polvo, sin azúcar
- 1/2 taza de azúcar o al gusto

Instrucciones:

1. Coloca una olla grande en la estufa a fuego medio.
2. Añade todos los ingredientes y deja cocer a fuego lento durante unos 8 minutos.
3. Retira del fuego y deja enfriar completamente. Cubre y regrigera durante 4 horas.
4. Vierte la mezcla en una batidora de helados durante 15-20 minutos y sigue las instrucciones del fabricante para congelar el helado o viértelo en un contenedor seguro para el congelador.
5. Bátelo cada 30 minutos hasta que el helado esté congelado.
6. Saca el helado con una cuchara sumergida en agua tibia y sírvelo.
7. ¡Disfrútalo!

Helado de Mango

Ingredientes:

- 3 tazas de mango maduro, picado
- 2 latas (14 onzas cada una) de leche de coco entera, sin endulzar
- 1 taza de leche de almendra
- 1 taza de azúcar de caña orgánica evaporada
- 1 cucharadita de extracto de vainilla
- 2 cucharadas de licor de naranja

Instrucciones:

1. Coloca todos los ingredientes en el frasco del procesador de alimentos. Mezcla hasta que esté suave.
2. Transfiere a un recipiente, cubre y deja enfriar durante 3-4 horas.
3. Vierte la mezcla en una batidora de helados durante 15-20 minutos y sigue las instrucciones del fabricante para congelar el helado o viértelo en un contenedor seguro para el congelador. Congélalo durante 4 horas o hasta que el helado esté listo.
4. Saca del congelador al menos 10-15 minutos antes de servirlo.
5. Saca el helado con una cuchara sumergida en agua tibia y sírvelo.
6. ¡Disfrútalo!

Helado de Lavanda

Ingredientes:

- 4 cucharadas de flores de lavanda comestibles
- 2 tazas de leche de coco entera
- 4 plátanos, pelados, picados, congelados
- 4 cucharadas de jarabe de arce o al gusto

Instrucciones:

1. Coloca una cacerola grande a fuego medio.
2. Añade la leche de coco y la lavanda.
3. Cuando empiece a hervir, retira del fuego. Cúbrela y déjala a un lado durante 30-35 minutos.
4. Cuela la mezcla y desecha las flores de lavanda.
5. Viértela en un recipiente para el congelador.
6. Congela durante 4 horas o hasta que el helado esté listo.
7. Divide el helado congelado y añádelo a un procesador de alimentos. Añade los plátanos y el jarabe de arce y licúa hasta que esté suave y cremoso. En esta etapa, el helado es suave. Si no te gusta este tipo de helado, congélalo durante una hora.
8. Saca el helado con una cuchara sumergida en agua tibia y sírvelo.
9. ¡Disfrútalo!

Helado Saludable de 3 Ingredientes

Ingredientes:

- 1 taza de leche de coco, dividida
- 3 tazas de jugo de fruta fresca de tu elección
- 3 cucharadas de maicena o almidón de tapioca

Instrucciones:

1. Mezcla en un tazón la maicena y 3-4 cucharadas de leche de coco y reserva.
2. Vierte el resto de la leche de coco en una cacerola grande y colócala a fuego lento.
3. Cuando empiece a hervir a fuego lento, añade la mezcla de fécula de maíz revolviendo constantemente. Continúa revolviendo hasta que la mezcla se espese.
4. Retira del fuego.
5. Añade el jugo y bate.
6. Pasa a un tazón y deja enfriar completamente.
7. Refrigera durante unas horas hasta que se enfríe.
8. Vierte la mezcla en una batidora de helados durante 15-20 minutos y sigue las instrucciones del fabricante para congelar el helado o viértelo en un contenedor seguro para el congelador. Congela durante 4 horas o hasta que el helado esté listo.
9. Sácalo del congelador al menos 10-15 minutos antes de servirlo.
10. Saca el helado con una cuchara sumergida en agua tibia y sírvelo.
11. ¡Disfrútalo!

Helado de Caramelo Salado

Ingredientes:

Para el caramelo salado:

- 6 cucharadas de azúcar de coco
- 4 cucharadas de leche de coco entera
- 1 cucharada de jarabe de arce
- 1/2 cucharadita de extracto de vainilla
- 1/8 cucharadita de sal marina

Para el helado:

- 6 onzas Tofu sedoso firme
- 1 cucharadita de goma guar
- 50 gotas de stevia líquida o al gusto
- 1/2 lata de leche de coco ligera
- 1/8 cucharadita de sal marina

Instrucciones:

1. Para hacer el caramelo salado: Añade todos los ingredientes a una cacerola y colócala a fuego medio.
2. Revuelve constantemente y lleva a ebullición.
3. Retira del fuego y deja enfriar completamente.
4. Traslada a un tazón, cubre y deja enfriar durante unas horas.
5. Mezcla el tofu, el caramelo salado, la leche de coco y la sal hasta que esté suave.
6. Añade la goma guar y mezcla hasta que esté suave.
7. Vierte la mezcla en una batidora de helados durante 15-20 minutos y sigue las instrucciones del fabricante para congelar el

helado o viértelo en un contenedor seguro para el congelador. Congelar durante 4 horas o hasta que el helado esté listo.

8. Sácalo del congelador al menos 10-15 minutos antes de servirlo.
9. Saca el helado con una cuchara sumergida en agua tibia y sírvelo.
10. Disfrútalo.

Helado de Melocotón y Almendra

Ingredientes:

- 2 tazas de almendras, remojadas durante la noche
- 10 dátiles, deshuesados, picados
- 8 melocotones, deshuesados, picados
- 2 tazas de agua
- 2 cucharaditas de jugo de limón
- 1/2 cucharadita de extracto de vainilla
- 8 gotas de stevia o al gusto

Instrucciones:

1. Escurre las almendras y añádelas a la licuadora. Añade agua y bate hasta que esté suave. Cuela la leche de almendras así obtenida. Descarta la parte no colada.
2. Vuélvela a poner en la licuadora. Añade el resto de los ingredientes y licúa hasta que esté suave.
3. Vierte la mezcla en un batidor de helados durante 15-20 minutos y sigue las instrucciones del fabricante para congelar el helado o viértelo en un recipiente apto para congelar. Congela durante 4 horas o hasta que el helado esté listo.
4. Retira del congelador al menos 10-15 minutos antes de servirlo.
5. Saca el helado con una cuchara sumergida en agua tibia y sírvelo.
6. ¡Disfrútalo!

Helado de Menta con Chispas de Chocolate

Ingredientes:

- 1 1/2 latas (400 ml cada una) de leche de coco, refrigerada durante al menos 3-4 horas
- 1/2 taza de jarabe de arce
- 1 taza de espinacas bebé.
- 5 cucharadas de chispas de chocolate sin leche
- 1/2 cucharadas de harina de coco
- 3/4 cucharada de extracto de menta

Instrucciones:

1. Mezcla las espinacas en una licuadora con una o dos cucharadas de agua hasta que estén suaves.
2. Vierte en una cacerola pequeña. Colócala a fuego medio y cocina hasta que esté espesa. Retira del fuego y deja enfriar completamente.
3. Retira la leche de coco del refrigerador. Quita la grasa que flota en la parte superior y añade a las espinacas. Desecha el líquido restante de la leche de coco.
4. Añade la harina de coco y bate bien con una batidora eléctrica.
5. Añade el resto de los ingredientes, excepto las chispas de chocolate, y bate hasta que esté suave y cremoso. Añade las chispas de chocolate y revuelve.
6. Vierte la mezcla en un batidor de helados durante 15-20 minutos y sigue las instrucciones del fabricante para congelar el helado o viértelo en un recipiente apto para congelar. Congela durante 4 horas o hasta que el helado esté listo.
7. Sácalo del congelador al menos 10-15 minutos antes de servirlo.
8. Saca el helado con una cuchara sumergida en agua tibia y sírvelo.
9. Disfrútalo.

Helado de Proteína de Trozos de Cereza

Ingredientes:

- 4 tazas de frijoles marinos cocidos
- 16 fresas congeladas, deshaladas, picadas
- 1 taza de cerezas, sin hueso
- 2 plátanos maduros
- 4 tazas de leche de cáñamo de vainilla o leche de almendra
- 4 cucharaditas de extracto de vainilla
- 1/2 cucharadita de extracto de almendra pura
- 4 cucharadas de néctar de coco

Instrucciones:

1. Mezcla los frijoles marinos, leche, plátano, néctar de coco, vainilla y extractos de almendra hasta que esté suave y cremoso. Pasar a un tazón.
2. Añade las fresas y las cerezas.
3. Vierte la mezcla en un batidor de helados durante 25-30 minutos y sigue las instrucciones del fabricante para congelar el helado o viértelo en un recipiente apto para congelar. Congela durante 4 horas o hasta que el helado esté listo. Bátelo cada 30 minutos.
4. Saca del congelador al menos 10-15 minutos antes de servirlo.
5. Sacar con una cuchara sumergida en agua tibia y sirve.
6. ¡Disfrútalo!

Helado de Rosa y Frambuesa

Ingredientes:

- 2 plátanos, pelados, cortados en rodajas, congelados
- 1 taza de leche de coco o crema de coco con toda la grasa
- 1/2 taza de frambuesas congeladas
- 3 cucharadas de néctar de agave
- 2 cucharaditas de agua de rosas

Instrucciones:

1. Añade los plátanos a un procesador de alimentos y enciéndelo durante unos segundos.
2. Añade frambuesas y agua de rosas y mezcla de nuevo durante unos segundos.
3. Con el procesador de alimentos en marcha, agrega la leche de coco poco a poco y continúa mezclando hasta que se agrega toda la leche de coco.
4. Congela durante 2 horas.
5. Saca con una cuchara sumergida en agua tibia y sirve.
6. ¡Disfrútalo!

Helado de Nueces Reales

Ingredientes:

- 1 taza de leche de almendras
- 6 cucharadas de mantequilla de maní cremosa
- 1 cucharada de maicena
- 1/3 taza de jarabe de arce
- 1/4 de cucharadita de sal
- 2 cucharadas de nueces, finamente picadas, tostadas
- 1/8 cucharadita de extracto de almendra

Instrucciones:

1. Añade todos los ingredientes, excepto las nueces, a una cacerola y bátelos hasta que estén bien combinados.
2. Coloca la cacerola a fuego medio y remueve constantemente hasta que la mezcla se espese.
3. Retira del fuego y deja enfriar completamente.
4. Cubre y enfría durante 2 - 3 horas en el refrigerador.
5. Vierte la mezcla en un batidor de helados durante 25-30 minutos y sigue las instrucciones del fabricante para congelar el helado o viértelo en un recipiente apto para congelar. Congela durante 4 horas o hasta que el helado esté listo. Bátelo cada 30 minutos.
6. Saca del congelador al menos 10-15 minutos antes de servir.
7. Saca con una cuchara sumergida en agua tibia y sirve.
8. ¡A disfrutar!

Helado de Tarta de Queso y Bayas

Ingredientes:

Para el helado de tarta de queso:

- 2 tazas de leche de almendras
- 2 tazas de anacardos, remojados en agua durante la noche, escurridos
- 2 tazas de crema de coco o leche de coco entera
- 2/3 taza de dátiles blandos, sin hueso
- 1/2 taza de jarabe de arce o azúcar de caña granulada orgánica
- 1/2 taza de aceite de coco, derretido o de oliva
- 2 cucharaditas de extracto de vainilla
- Jugo de un limón
- 1 cucharada de vinagre de sidra de manzana
- 1/8 de cucharadita de sal

Para las bayas arremolinadas:

- 2 tazas de bayas congeladas de tu elección, por ejemplo, arándano, frambuesa, fresa, mora
- 2 cucharaditas de maicena mezclada con 2-3 cucharaditas de agua
- 4 cucharadas de jarabe de arce

Instrucciones:

1. Para hacer helado de tarta de queso: Añadir todos los ingredientes del helado a una licuadora y mezcla hasta que esté suave y cremoso.
2. Vierte la mezcla en un batidor de helados durante 35-40 minutos y sigue las instrucciones del fabricante para congelar el helado o viértelo en un recipiente apto para congelar. Congela durante 2

horas o hasta que el helado esté semi-congelado. Bátelo cada 30 minutos.

3. Para hacer que las bayas se arremolinen: Coloca una cacerola a fuego medio-alto. Añade 1 1/2 taza de bayas y jarabe de arce. Deja que se cocine a fuego lento por un rato. Mézclalo con la parte posterior de una cuchara mientras se cocina.

4. Añade la mezcla de maicena y revuelve constantemente hasta que la salsa se espese. Retira del fuego y añade las bayas restantes. Pasa a un tazón, cubre y refrigera hasta que se use.

5. Añade el helado suave batido o semi-congelado a un molde de pan. Vierte la mezcla de bayas y espárcela ligeramente con una espátula para que se vea el efecto de remolino.

6. Cubre y congela durante un par de horas hasta que esté listo.

7. Saca del congelador al menos 10-15 minutos antes de servir.

8. Utiliza un cucharón sumergido en agua tibia y sirve.

Helado de Trozos de Chocolate y Arándanos

Ingredientes:

- 1/2 taza de arándanos
- 1 1/2 tazas de leche de coco
- 1/3 taza de jugo de caña evaporado
- 1 cucharada de cacao en polvo
- 1/4 taza de trozos de chocolate agridulce
- 1 cucharadita de extracto de vainilla

Instrucciones:

1. Añade todos los ingredientes, excepto los trozos de chocolate, a una licuadora y bate hasta que esté suave y cremoso.
2. Vierte la mezcla en un batidor de helados durante 35-40 minutos y sigue las instrucciones del fabricante para congelar el helado o viértelo en un recipiente apto para congelar. Congela durante 4 horas o hasta que el helado esté semi-congelado. Bátelo cada 30 minutos.
3. Colócalo en un contenedor a prueba de congelamiento con tapa. Añade los trozos de chocolate y espárcelos.
4. Congela durante unas 2 horas.
5. Saca del congelador al menos 10-15 minutos antes de servir.
6. Saca la cuchara con un cucharón sumergido en agua tibia y sirve.
7. ¡A disfrutar!

Helado de Melocotón Asado

Ingredientes:

Para el puré de melocotón:

- 4 - 6 melocotones maduros, sin hueso, en rodajas
- 4 cucharadas de jarabe de arce
- 2 cucharadas de aceite de coco

Para el helado:

- 3 tazas de leche de coco con sabor a vainilla
- 3 tazas de leche de coco entera, refrigerada durante la noche
- 1/2 cucharadita de canela molida
- 2/3 taza de jarabe de arce

Instrucciones:

1. Coloca las rodajas de melocotón en una bandeja de hornear. Añade aceite de coco y jarabe de arce y mezcla bien.
2. Hornee en un horno precalentado a 375 grados F durante unos 20-25 minutos.
3. Sacar del horno, enfriar y refrigerar durante 4-5 horas.
4. Sacar del refrigerador y mezcla hasta que esté suave.
5. Añade todos los ingredientes del helado a un bol. Añade el puré de melocotón y bate bien.
6. Vierte la mezcla en un batidor de helados durante 25-30 minutos y sigue las instrucciones del fabricante para congelar el helado o viértelo en un recipiente apto para congelar. Congela durante 4 horas o hasta que el helado esté listo. Bátelo cada 30 minutos. Bátelo cada 30 minutos.

7. Saca del congelador al menos 10-15 minutos antes de servirlo.
8. Saca con una cuchara sumergida en agua tibia y sirve.
9. Disfrútalo.

Helado de Plátano y Nuez con Especias

Ingredientes:

- 2 plátanos grandes, pelados, picados, congelados
- 2 tazas de nueces, picadas + extra para arriba
- 4 dátiles blandos, deshuesados, picados
- 1 cucharadita de canela molida
- 2/3 cucharadita de semillas de vainilla
- 2 cucharadas de semillas de chía
- 1/8 de cucharadita de nuez moscada molida
- 2 cucharadas de plumillas de cacao + extra a la parte superior
- 2 cucharadas de aceite de coco

Instrucciones:

1. Añade las nueces a una licuadora y enciéndela durante 10-15 segundos.
2. Añade el resto de los ingredientes y mezcla hasta que esté suave y cremoso.
3. Colócalo en un recipiente con tapa para congelar y añade las semillas de chía y los trozos de cacao. Mezcla con una cuchara.
4. Espolvorea las nueces y los trozos de cacao. Cubre y congela durante la noche.

Helado Vegano de Snickers

Ingredientes:

- 1 3/4 de taza de leche de coco con toda la grasa
- 1/4 de taza de salsa de caramelo vegetariana
- 3 cucharadas de cacahuetes, tostados, salados
- 1/4 de taza de azúcar o al gusto
- Un pellizco de goma xantana (opcional)
- 1/2 cucharadita de extracto de vainilla
- 1 onza de chocolate negro vegetariano, rallado

Instrucciones:

1. Coloca una cacerola a fuego medio. Añade la leche de coco, el azúcar y deja hervir, revolviendo constantemente hasta que el azúcar se disuelva por completo.
2. Retira del fuego y añade la vainilla y la goma. Bate bien.
3. Colócalo en un tazón, cúbrelo y refrigéralo durante 6 horas.
4. Vierte la mezcla en una batidora de helados durante 25-30 minutos y sigue las instrucciones del fabricante para congelar el helado. Después de 20 minutos de batido, añade la mitad de la salsa de caramelo, la mitad del chocolate y la mitad de los cacahuetes y continúa el batido o viértelo en un envase apto para el congelador. Congela durante 4 horas o hasta que el helado esté listo. Bátelo cada 30 minutos. Añade la salsa de caramelo después de 3 horas de congelamiento.
5. Después de batir, transfiérelo a un contenedor seguro para el congelador. Adorna con el chocolate restante, los cacahuetes y el caramelo. esparce ligeramente con un cuchillo para que parezca un remolino. Congela durante 2 horas.
6. Saca del congelador al menos 10-15 minutos antes de servir.

7. Saca con un cucharón sumergido en agua tibia y sirve.
8. ¡A disfrutar!

Helado de Caramelo con Ganache

Ingredientes:

Para el helado:

- 1/2 a 15 onzas lata de leche de coco light
- 1/2 a 15 onzas lata de leche de coco regular
- 1/2 cucharada de extracto de vainilla
- 1/3 taza de néctar de coco
- 1/8 cucharadita de goma xantana (opcional)
- 1/8 de cucharadita de sal

Para el remolino de ganache:

- 1/4 de taza de leche de coco
- 1/2 taza de chispas de chocolate negro vegetariano

Instrucciones:

1. Haz el ganache de la siguiente manera: Coloca una cacerola a fuego medio. Añade la leche de coco y ponla a hervir.
2. Retira del fuego y vierte en un recipiente. Añade las chispas de chocolate y revuelve hasta que estén bien combinadas. Deja enfriar completamente y reserva.
3. Para hacer el helado: Añade todos los ingredientes a una licuadora y bate hasta que esté bien mezclado.
4. Viértelo en un bol, cúbrelo y déjalo enfriar durante un par de horas.
5. Vierte la mezcla en una batidora de helados durante 25-30 minutos y sigue las instrucciones del fabricante para congelar el helado o viértelo en un contenedor seguro para el congelador.

Congela durante 2 horas o hasta que el helado esté semi-congelado. Bátelo cada 30 minutos.

6. Después de batir, coloca unas 2 o 3 cucharadas de helado en un contenedor seguro para el congelador. Toma un poco de ganache y vierte un chorro fino sobre las cucharas. Coloca 2-3 cucharadas más de helado y vierte el resto de ganache encima. Coge un cuchillo para mantequilla y esparce ligeramente para crear un aspecto de mármol. Colócalo en el congelador durante 2-3 horas.

7. Saca del congelador al menos 10-15 minutos antes de servir.

8. Saca con un cucharón sumergido en agua tibia y sirve.

9. Disfrútalo.

Helado de Ron con Pasas

Ingredientes:

- 1 1/2 tazas de leche de coco, divididas
- 1/3 taza de pasas
- 6 cucharadas de azúcar morena
- 1/2 cucharadita de extracto de vainilla
- 1 cucharada de polvo de arrurruz o maicena
- 4-5 cucharadas de ron o al gusto

Instrucciones:

1. Añade unas 2-3 cucharadas de leche a un pequeño tazón. Añade el arrurruz y bate bien. Pon a un lado.
2. Pon el ron y las pasas en un tazón y déjalas en remojo por lo menos 25-30 minutos.
3. Añade el resto de la leche de coco y el azúcar a una cacerola. Coloca la cacerola a fuego medio y deja que hierva. Revuelve constantemente hasta que el azúcar se disuelva.
4. Retira del fuego y agrega la mezcla de arrurruz revolviendo constantemente.
5. Continúa revolviendo constantemente y cocina a fuego lento hasta que la mezcla se espese. Retira del fuego.
6. Viértela en un recipiente, cúbrela y déjala enfriar durante un par de horas.
7. Vierte la mezcla en una batidora de helados durante 25-30 minutos y sigue las instrucciones del fabricante para congelar el helado. Añade las pasas junto con el ron durante el último minuto de batido o viértelo en un recipiente seguro para el congelador. Congela durante 4 horas o hasta que el helado esté listo. Bátelo

cada 30 minutos. Añade el ron y las pasas durante el último momento del batido.

8. Vierte la mezcla batida en un contenedor seguro para el congelador. Cubre y congela durante 2 horas.
9. Retira del congelador al menos 10-15 minutos antes de servir.
10. Saca con un cucharón sumergido en agua tibia y sirve.
11. ¡A disfrutar!

Helado de Pistacho

Ingredientes:

- 1 taza de anacardos, remojados durante la noche, escurridos
- 1/2 taza de pistacho, sin cáscara, sin sal, dividido
- 1/2 a 15 onzas lata de leche de coco con toda la grasa
- 3 cucharadas de aceite de coco, derretido
- 6 cucharadas de azúcar granulado
- 1/8 de cucharadita de sal
- 1 cucharadita de extracto de almendra

Instrucciones:

1. Espolvorea finamente 1/3 de taza de pistachos.
2. Añade la leche, el azúcar, el aceite, el extracto de almendra y la sal a la licuadora y bate hasta que esté suave y cremoso.
3. Añade el pistacho en polvo y mezcla de nuevo.
4. Vierte la mezcla en una batidora de helados durante 25-30 minutos y sigue las instrucciones del fabricante para congelar el helado o viértelo en un contenedor seguro para el congelador. Congela durante 4 horas o hasta que el helado esté listo. Bátelo cada 30 minutos.
5. Saca del congelador al menos 10-15 minutos antes de servir.
6. Sacar con una cuchara sumergida en agua tibia y sirve.
7. ¡A disfrutar!

Helado de Almendra Suiza

Ingredientes:

Para las almendras cubiertas de chocolate:

- 1/4 taza de chispas de chocolate negro vegetariano
- 1/2 taza de almendras crudas enteras
- 1/8 de cucharadita de sal marina de grano fino

Para el helado:

- 3/4 taza de leche de almendras / leche de anacardo / leche de cáñamo
- 1/4 de taza de dátiles blandos, sin hueso, picados
- 1/8 cucharadita de extracto de almendra
- 1/2 cucharada de extracto de vainilla
- 1/4 de cucharadita de goma guar (opcional)

Instrucciones:

1. Para hacer las almendras cubiertas de chocolate: Coloca las almendras en una bandeja de hornear. Métclas en un horno precalentado a 350 grados F durante unos 12 minutos.
2. Coloca las pepitas de chocolate y la sal en un bol. Transfiere las almendras calientes y tostadas al bol de las chispas de chocolate y mézclalas. Cúbrelo y déjalo a un lado por 5 minutos.
3. En 5 minutos, los chocolates se habrán derretido. Mezcla de nuevo y colócalos en una bandeja de hornear forrada. Refrigera hasta su uso.
4. Mezcla la leche de coco y los dátiles hasta que estén suaves. Añade la leche, la vainilla, el extracto de almendra y la goma guar si lo utilizas y mezcla hasta que esté suave.

5. Vierte la mezcla en una batidora de helados durante 25-30 minutos y sigue las instrucciones del fabricante para congelar el helado o viértelo en un contenedor seguro para el congelador. Congela durante 4 horas o hasta que el helado esté listo. Bátelo cada 30 minutos.

6. Agrega el helado batido a un contenedor seguro para el congelador. Pica las nueces enfriadas y agrégalas al helado. Revuelve y congela durante un par de horas.

7. Saca del congelador al menos 10-15 minutos antes de servir.

8. Utiliza un cucharón sumergido en agua tibia y sirve.

9. ¡A disfrutar!

Recetas de Salsa Sundae Vegana
Salsa tibia de bayas

Ingredientes:

- 1/2 taza de agua
- 1 taza de bayas de tu elección, por ejemplo, frambuesas, arándanos, fresas o una mezcla de bayas, frescas o congeladas

Instrucciones:

1. Añade las bayas y el agua a una cacerola y coloca la cacerola a fuego medio. Cocina hasta que la salsa se espese (espésala según tu deseo)
2. Transfiere a un contenedor hermético y refrigéralo hasta su uso.
3. Debería durar una semana si se refrigera.
4. Caliéntalo y viértelo sobre el helado.

Salsa Sundae con Caramelo Caliente

Ingredientes:

- 1/2 taza de leche no láctea de tu elección
- 2/3 taza de chispas de chocolate vegetariano
- 1/2 cucharadita de sal marina

Instrucciones:

1. Añade todos los ingredientes a una cacerola y colócala a fuego medio. Cocina hasta que la salsa se espese (espésala según su deseo). Revuelve constantemente.
2. Traslada a un recipiente hermético y refrigérala hasta su uso.
3. Debe durar una semana si se refrigera.
4. Caliéntalo y viértelo sobre el helado.

Caramelo Caliente de Mantequilla de Maní

Ingredientes:

- 2/3 taza de mantequilla cremosa natural
- 2/3 taza de chispas de chocolate vegetariano
- 1 taza de leche de coco entera
- 2 cucharadas de jarabe de arce

Instrucciones:

1. Añade todos los ingredientes a una cacerola y coloca la cacerola a fuego medio. Cocina hasta que el chocolate esté casi derretido. Revuelve constantemente. Retira del fuego.
2. Traslada a un recipiente hermético y refrigérala hasta su uso.
3. Debe durar una semana si se refrigera.
4. Caliéntalo y viértelo sobre el helado.

Salsa de Chocolate

Ingredientes:

- 10 cucharadas de aceite de coco derretido
- 10 cucharaditas de jarabe de agave o azúcar o edulcorante de tu elección
- 10 cucharadas de cacao en polvo, sin azúcar

Instrucciones:

1. Añade todos los ingredientes a un tazón y bate hasta que estén bien combinados.

Salsa de caramelo

Ingredientes:

- 1 1/2 tazas de azúcar morena
- 1/2 cucharadita de sal marina
- 1/3 taza de margarina vegetariana
- 3 cucharadas de leche no láctea

Instrucciones:

2. Coloca una cacerola grande a fuego medio.
3. Añade todos los ingredientes a la cacerola y deja que hierva. Revuelve con frecuencia.
4. Aumenta el fuego a medio-alto durante un par de minutos hasta que empiece a caramelizarse.
5. Retira del fuego y deja enfriar durante 15 minutos antes de servir.

Recetas de Sundae
Crea tus Propios Sundaes

Ingredientes:

- Helados de tu elección
- Salsas de tu elección
- Topping de tu elección, por ejemplo, frutas, nueces, chispas de chocolate, etc.

Instrucciones:

1. Coloca cucharadas de helado de tu elección.
2. Añade los ingredientes de tu elección.
3. Vierte la salsa que desees y sirve.
4. ¡Disfrutar!

Buster Parfait

Ingredientes:

- 4 cucharadas de helado para servir
- 4 cucharadas de mantequilla de cacahuete con salsa de chocolate caliente o más si se desea.
- 1/2 taza de cacahuetes, tostados, picados en trozos grandes

Instrucciones:

1. Pon el helado en 4 tazones.
2. Rocía la salsa sobre él.
3. Espolvorea cacahuetes y sirve.
4. Disfrútalo.

Sundae de Plátano

Ingredientes:

- 4 cucharadas de helado de plátano
- 4 cucharadas de salsa de chocolate
- Topping de tu elección

Instrucciones:

1. Pon el helado en 4 tazones
2. Rocíalo con salsa.
3. Espolvorea los ingredientes y sirve.
4. ¡Disfrútalo!

Banana Split a la Parrilla

Ingredientes:

- 6 cucharadas de helado de coco
- 6 plátanos, cortados por la mitad a lo largo
- 6 cucharadas de salsa de chocolate
- 1/3 taza de nueces, picadas

Instrucciones:

1. Coloca una placa de parrilla en la estufa a fuego medio y precaliéntala o usa una sartén antiadherente con un poco de aceite de coco.
2. Coloca los plátanos sobre ella y asa durante 2-3 minutos por cada lado hasta que se doren.
3. Toma 6 platos de servir. Coloca 2 mitades de plátanos sobre cada uno de los platos.
4. Coloca una cucharada de helado sobre los plátanos.
5. Rocía la salsa de chocolate sobre él y sírvelo.

Sundae De Yogur In Leche Con Salsa De Frutas Y Chocolate

Ingredientes:

- 1/2 taza de bayas congeladas
- 1/4 de taza de chispas de chocolate vegetariano
- 2 cucharadas de azúcar blanca
- 2 contenedores (8 onzas) de yogur de vainilla y soya
- 6 cucharadas de crema de soja o leche de soya
- 2 cucharadas de nueces picadas

Instrucciones:

1. Coloca las bayas congeladas en un bol para microondas. Espolvorea el azúcar sobre las bayas y mézclalas bien. Coloca el tazón en el microondas y cocina a fuego alto durante unos 40 segundos.
2. En otro recipiente más grande apto para el microondas, coloca la margarina y los trozos de chocolate juntos. Colócalo en el microondas y cocínalo durante unos 45 segundos al 60% de potencia o hasta que se derrita.
3. Bate bien con un tenedor y lentamente vierte la crema de soya o la leche de soya y mézclala con el tenedor hasta que esté bien combinada.
4. Con una cuchara redonda, coloca una quenelle de yogur de soya con vainilla en un tazón para mezcla. Pon un poco de fruta cocida sobre la quenelle. Vierte una cucharada de la salsa de chocolate preparada sobre ella y espolvorea las nueces.
5. Repite con el resto del yogur, la fruta y la salsa de chocolate.
6. Sirve inmediatamente.
7. A disfrutar.

Sundae de Chocolate

Ingredientes:

- 4 cucharadas de helado de chocolate vegetariano
- 1 plátano, pelado, cortado en rodajas
- 4 cucharadas de nueces, picadas, tostadas
- 1 taza de fresas, cortadas por la mitad
- Salsa de chocolate a gusto
- Unos cuantos plumines de cacao
- 4 ramitas de menta

Instrucciones:

1. Toma 4 vasos para sundae. Coloca una capa de la mitad de las fresas seguida de la banana.
2. Coloca una cucharada de helado de chocolate.
3. Pon otra capa con las fresas y el plátano.
4. Espolvorea con nueces y cacao.
5. Rocía la salsa de chocolate y sirve.

Triple Sundae

Ingredientes:

- 1 taza de crema pesada
- 6 cucharadas de helado de chocolate
- 6 cucharadas de helado de vainilla
- 6 cucharadas de sorbete de frambuesa
- 1/2 taza de fresas frescas, cortadas por la mitad para adornar
- Salsa de bayas caliente según se requiera

Instrucciones:

1. Añade una cucharada de salsa de bayas tibia en vasos altos de sundae.
2. Coloca una cucharada de helado de vainilla en cada vaso.
3. Rocía una cucharada de salsa de bayas caliente sobre cada vaso.
4. Coloca una bola de helado de chocolate en cada vaso.
5. Espolvorea una cucharada de salsa de bayas caliente sobre cada vaso.
6. Coloca una cucharada de sorbete de frambuesa en cada vaso.
7. Coloca una gota de crema sobre el sorbete.
8. Adorna con fresas y sirve inmediatamente.

Conclusión

¡Me gustaría agradecerte una vez más por descargar este libro!

Para concluir, la dieta vegana no es la dieta aburrida e insípida que se suele considerar. Con una pequeña modificación, casi todas las recetas del mundo pueden hacerse amigables a los vegetarianos. Este libro te muestra cómo puedes preparar una variedad de deliciosos helados, sundaes y sorbetes sin añadir ningún producto lácteo poco saludable.

Todas las recetas utilizan ingredientes que son fácilmente disponibles en cualquier hogar vegano. Así que, si tienes antojos de medianoche o necesitas preparar algo rápidamente, ¡no tienes por qué apurarte a ir al supermercado más cercano!

Me gustaría aprovechar la oportunidad para agradecerte una vez más por la compra de este libro y espero que el contenido del mismo te haya sido útil.

Mantente a salvo; mantente saludable y ¡a disfrutar de estos helados!

Lightning Source UK Ltd.
Milton Keynes UK
UKHW020221061020
371073UK00009B/128